Du même auteur ...

Stéphane Ternoise

La sacem ?

une oligarchie !

Jean-Luc Petit éditions

Stéphane Ternoise

Chanteur, écrivain :
même cirque

théâtre
deux femmes deux hommes

Jean-Luc Petit éditeur / collection Théâtre

Stéphane Ternoise

La beauté des éoliennes

Jean-Luc Petit éditions
Collection Livres d'artistes

Vivre Autrement (après les ruines), l'album invisible...

L'exception culturelle française... réelle

Du même auteur*

Romans

Le Roman de la Révolution Numérique
La Faute à Souchon ?
Quand les familles sans toit sont entrées dans les maisons fermées
Liberté j'ignorais tant de Toi
Viré, viré, viré, même viré du Rmi !
Ils ne sont pas intervenus

Théâtre

Neuf femmes et la star
Les secrets de maître Picrrc, notaire de campagne
Ça magouille aux assurances
Chanteur, écrivain : même cirque
Deux sœurs et un contrôle fiscal
Amour, sud et chansons
Pourquoi est-il venu ?
Aventures d'écrivains régionaux
Avant les élections présidentielles
Scènes de campagne, scènes du Quercy
Blaise Pascal serait webmaster
Trois femmes et un Amour
J'avais 25 ans
« Révélations » sur « les apparitions d'Astaffort » Brel / Cabrel

Théâtre pour troupes d'enfants

La fille aux 200 doudous
Les filles en profitent
Révélations sur la disparition du père Noël
Mertilou prépare l'été

* extrait du catalogue, voir www.ternoise.net

Stéphane Ternoise

Vivre Autrement (après les ruines), l'album invisible...

L'exception culturelle française... réelle

Sortie numérique : 24 juillet 2013

Révision : juin 2015 lors de la publication en papier.

Jean-Luc PETIT Editions - collection chansons

Stéphane Ternoise versant chansons :

http://www.**chansons**.org

Tout simplement et logiquement !

Site officiel : http://www.ecrivain.pro

© Jean-Luc PETIT - BP 17 - 46800 Montcuq – France

Stéphane Ternoise

Vivre Autrement (après les ruines), l'album invisible...

L'exception culturelle française... réelle

Au nom de l'exception culturelle française, des milliards de subventions...

L'exception culturelle, à condition que ça rapporte du pognon aux grands groupes et aux intermédiaires. Il faut préserver l'emploi !...
Ne rêvons pas : la théorie de l'exception ne constitue nullement un soutien à l'indépendance mais une manière de maintenir les créateurs dans le giron des majors pour la musique, des "éditeurs traditionnels" pour l'édition... Manipulation des foules...
Mieux vaut gérer que créer, dans ce pays qui ose se prétendre exemplaire.
Pour répartir le financement (par exemple de la taxation pour "copie privée"), de grandes structures se sont créées, où siègent des gens liés aux mastodontes de chaque secteur. Ces gens-là reçoivent honneurs et miettes suffisantes pour un train de vie de privilégiés. Les vrais indépendants sont "oubliés" : non représentés, invisibles, donc ignorés.

Naturellement, la France est un pays libre et avec des bouts de ficelles il reste possible de produire un album qui ne devrait pas exister... Mais il pointera au rayon invisible, non chroniqué par nos vaillantes plumes, non diffusé par les honorables programmateurs...

Disponible. En CD dans un beau digipack et en numérique, mais il vous faut faire l'effort de le chercher pour le trouver. Quand des installés sont catapultés dans votre télé, votre radio, votre journal...

C'est le prix à payer pour l'indépendance. Présentation de l'album, et un peu du contexte sous Aurélie Filippetti, ministre de l'argent de la culture en contrat avec un grand groupe des médias...

Stéphane Ternoise
http://www.chansons.org

14 titres

1) On laisse détruire l'indispensable - David Walter 3.47
2) Justice j'écris ton nom - Blondin 3.56
3) Les lois du marché de la création - Dragan Kraljevic 3.17
4) Manipulés - Lor 2.06
5) Une seule et même couleurS - Magali Fortin 5.40
6) Amour Encore une nuit sans toi - Dragan Kraljevic 3.31
7) Silicone - Yann Ferant 4.07
8) Les tortionnaires de la terre - Blondin 3.07
9) T'as choisi - Dragan Kraljevic 3.36
10) Une usine à rêve - Lor 3.05
11) Celui que je serai - David Walter 4.33
12) Continuer d'y croire - Yann Ferant 4.21
13) Les ruisseaux - Blondin 2.20
14) Vivre autrement - Lor 2.55

Lor, Dragan Kraljevic, Blondin, David Walter, Yann Ferant et Magali Fortin, les six interprètes, également compositeurs.

Un bel objet : digipack... 12 photos

Un digipack avec support du CD transparent, donc la possibilité d'offrir quatre belles photos. Puis le livret, inséré dans une fente derrière le recto du digipack. Livret de huit pages, avec texte sur photos en couleur. Exercice périlleux... ainsi le plus souvent les producteurs indépendants préfèrent utiliser le noir et blanc ! Douze photos du sud-ouest...

L'utopie de l'indépendance...

Ce fut très long : quatre années ! Avec Lor, 14 titres furent ainsi travaillés, le répertoire de Blondin devient très intéressant, et durant nos longues conversations Dragan explore ses envies musicales...

Vivre autrement, le deuxième album www.concourschansons.com du vaste projet d'œuvre musicale chantée d'un écrivain, avec six interprètes venus de régions et d'horizons divers.
Des romans, des essais, des pièces de théâtre et des textes de

chansons, comme la majorité des pigeonniers sur piliers, mon expression tient sur quatre socles.

Internet est une déception dans son versant musical, récupéré par les grosses structures qui n'en voyaient pas l'utilité quand j'essayais (an 2000) d'expliquer aux créateurs l'urgence de s'approprier cet espace. Puisse le monde de l'édition ne pas suivre la même route... Mais pour un auteur, le net reste une chance, la possibilité de proposer des projets, rencontrer ses partenaires de jeu.

www.utopie.pro est né sur les décombres du vieux monde. Une utopie professionnelle : le changement, c'est maintenant (vous vous souvenez de François Hollande candidat à la Présidence de la République ?)

Ces quelques phrases n'étaient presque rien, même pas de la poésie peut-être.

Merci Laure, Magali, Jean-Luc, Dragan, David, Yann, de vous les être appropriées pour en faire un élément essentiel de ces chansons.

Merci à Jean-Paul Bonbyfalat (Music-BDFL - 13770 Venelles). Il assure la continuité musicale avec SAVOIRS. Durant la mastérisation, il est parvenu à réunir nos sons... une relation de confiance s'est instaurée...

Ecrivain, en de nombreux points le monde musical m'est étranger. Cet album nécessita encore une bonne dose d'équilibrisme ! C'est ma vie !

Stéphane Ternoise, décembre 2012

On laisse détruire l'indispensable

On veut du gaz et du pétrole
Il faut qu'elles roulent nos bagnoles
Il faut bien se chauffer l'hiver
Et que l'économie prospère

Pour tout c'qu'on croit (de) nécessaire
On laisse détruire l'indispensable
On sacrifie même la terre
Pour des plaisirs disons minables

On veut des fruits qui s'exposent
Aussi beaux qu'les bouquets de roses
Les pesticides feront l'affaire
On sait qu'les nitrates nourrissent la terre

Pour tout c'qu'on croit (de) nécessaire
On laisse détruire l'indispensable
On sacrifie même la terre
Pour des plaisirs disons minables

En hiver on veut des tomates
Que les fraises soient écarlates
On veut même skier dans les déserts
Noël et son conifère bien vert

Pour tout c'qu'on croit (de) nécessaire
On laisse détruire l'indispensable
On sacrifie même la terre
Pour des plaisirs disons minables...

Justice j'écris ton nom

On les aime bien les proprios
Mais on a b'soin d'un logement
On vous cass'ra pas le frigo
Passez si vous avez le temps

Propriété, ton DROIT est le plus sacré
Mais il suffit d'un pied de biche
Pour viv' comme si on était riche
Justice j'écris ton nom

Tell'ment d'résidences secondaires
Fermées plus d'trois cents jours par an
Y'a même des résidences tertiaires
Ouvertes quelques heures seulement
Et faudrait qu'on vive sous des ponts
Alors qu'elles moisissent leurs maisons
Justice j'écris ton nom

Tandis qu'on campait dans l'coin
Des anglais nous ont invités
Ils nous ont dit 'on part demain'
Le lend'main on s'est installé
Les voisins nous ont cru de bonne foi
Pensaient qu'on louait sérieusement
Tout s'passa bien durant six mois
Mais les english c'est énervant
Sont revenus avant l'trois août
Virés quasi nus sur la route

Propriété, ton DROIT est le plus sacré
Mais il suffit d'un pied de biche
Pour viv' comme si on était riche
Justice j'écris ton nom

On en a causé aux amis
On s'est créé l'association
Pour qu'on donne aux Hommes sans logis
Des clés qui ouvrent ces maisons
Ça pourrait s'passer sans menace
Notre idée plaît pas aux rapaces
Justice j'écris ton nom

On s'veut des squatters honnêtes
On a des contrats d'occupants
Oui mais les proprios nous jettent
Alors faut bien faire autrement
La France a trop de maisons vides
Tandis qu'des gens vivent dans les rues
Pas b'soin d'bâtir des pyramides
Mais ils le refusent nos élus
Seraient-ils des propriétaires
De résidences secondaires

Propriété, ton DROIT est le plus sacré
Mais il suffit d'un pied de biche
Pour viv' comme si on était riche
Justice j'écris ton nom

Comment convaincre les proprios
Qu'les fenêtres ouvertes c'est la vie
Qu'le partage c'est encore plus beau
Je te loge à titre gratuit
On n'invente pas d'nouveaux modèles
Sans choquer la carte Vermeille
Justice j'écris ton nom

Apprenez que même les murs
Ont aussi besoin de la vie

Abandonnés ils se fissurent
Plafonds infestés de souris
Oui les ouvrir c'est les sauver
N'en déplaise aux héritiers
N'en déplaise aux gouvernements
Au ministère du logement
Et quand les gendarmes nous emmènent
Ils nous logent comme logeait Diogène

Propriété, ton DROIT est le plus sacré
Mais aux Hommes sans toit les clés
Des maisons inoccupées
Justice j'écris ton nom

Président écoute not' chanson
On baissera pas la pression
Plutôt que la consommation
Faut taxer l'inhabitation
Quand droit au logement exclu
Au château, chahut

Les lois du marché de la création

Hé monsieur Utopie faut bien bouffer
On a besoin des miettes qu'ils nous jettent
On voudrait bien créer en toute liberté
Mais les marchands tiennent le marché

Quand tu crées
Tu crées pas pour eux
Et pourtant tu sais
Qu'entre toi et le public
Y'aura les nuisances du fric
Et leur puissance de feu

Si t'es pour eux une très bonne vache à lait
Les marchands te f'ront tête de gondole
Les spéculateurs pourront même t'engraisser
T'auras le label idole

Quand tu crées
Tu crées pas pour eux
Et pourtant tu sais
Qu'entre toi et le public
Y'aura les nuisances du fric
Et leur puissance de feu

Des créateurs et des subventionneurs
Des créateurs et des installés
Des créateurs et des tonnes de profiteurs
Des créateurs parfois rêveurs

Quand tu crées
Tu crées pas pour eux
Et pourtant tu sais
Qu'entre toi et le public
Y'aura les nuisances du fric
Et leur puissance de feu

Manipulés

Manipulés
Manipulés
Manipulés

Si vous leur proposez un bouquin
Ils vous répondent l'air malin
J'veux pas m'laisser influencer
J'ai mes idées
Et j'y tiens

Manipulés
Manipulés
Ils ont les opinions
De leur télévision
Manipulés
Manipulés
Au point de mépriser
Tout c'qui pourrait les éclairer
Manipulés
Manipulés
Manipulés

Quand sonne l'heure du choix dans l'isoloir
Bien sûr ils restent sans mémoire
Après ils vont manifester
Manifester
Et gueuler

Manipulés
Manipulés
Ils ont les opinions
De leur télévision
Manipulés

Manipulés
Au point de mépriser
Tout c'qui pourrait les éclairer
Manipulés
Manipulés
Manipulés

Si vous leur proposez un bouquin
Ils vous répondent l'air malin
J'veux pas m'laisser influencer
J'ai mes idées
Et j'y tiens

Manipulés
Manipulés
Ils ont les opinions
De leur télévision
Manipulés
Manipulés
Au point de mépriser
Tout c'qui pourrait les éclairer
Manipulés
Manipulés
Manipulés

Une seule et même couleurS

Du blanc, du jaune, du noir
Un peu de rouge, quelle importance
Si pour s'aimer, il faut avoir
La même couleur, quelle existence

La couleur de ta peau
La couleur de ma peau
Quand nos regards se mélangent
La couleur de ta peau
La couleur de ma peau
Pourtant, il y en a que ça dérange

Je me souviens d'un soir
Où la haine et la violence
Ont suspendu dans un bois
Bien d'étranges fruits dans les branches

La couleur de ta peau
La couleur de ma peau
Quand nos sourires se mélangent
La couleur de ta peau
La couleur de ma peau
Pourtant, il y en a que ça dérange

Quand on apprend l'histoire
Même la justice dans sa balance
A condamné au couloir
Des hommes pour avoir dit une évidence

La couleur de ta peau
La couleur de ma peau
Lorsque nos rires se mélangent
La couleur de ta peau
La couleur de ma peau

Pourtant, il y en a que ça dérange
Au nom du pouvoir, de l'économie
Et au nom de la différence
On a brûlé et pillé des vies
Autour d'une question d'apparence

La couleur de ta peau
La couleur de ma peau
Lorsque nos mains se mélangent
La couleur de ta peau
La couleur de ma peau
Pourtant, il y en a que ça dérange

La couleur de ta peau
La couleur de ma peau
Lorsque nos cœurs se mélangent
La couleur de ta peau
La couleur de ma peau
Pourtant, il y en a que ça dérange

La couleur de ta peau
La couleur de ma peau
Lorsque nos corps se mélangent
La couleur de ta peau
La couleur de ma peau
Pourtant, il y en a que ça dérange

La couleur de ta peau
La couleur de ma peau
Avant que toutes les couleurs ne se mélangent
La couleur de ta peau
La couleur de ma peau
Il y en aura toujours que ça dérange

Car il n'y a qu'une seule et même couleurs
Qu'une seule et même couleurs, dans mon cœur

Amour - Encore une nuit sans Toi

Encore une nuit sans toi
Une heure au téléphone
Avant de se dire bonsoir
Ne lis pas trop tard que tes rêves soient sans cauchemars

Encore une nuit sans toi
T'as parlé d'Amitié
Estime intellectuelle
Cette absence d'attirance physique comme c'est cruel

Encore une nuit sans toi
L'amour qui te fait peur
Je sais bien sûr nos blessures
Et mon air pas sûr de blessé qui se rassure

Encore une nuit sans toi
Pas un ami y croit
Quand j'ose avouer qu'mes nuits
Seront avec toi ou les draps resteront froids

Encore une nuit sans toi
Encore une nuit sans toi
Encore une nuit sans toi...

Silicone

Faut pas croire qu'un peu de silicone
F'ra d'toi la nouvelle icône
Faut pas croire qu'un peu de silicone
F'ra d'toi la nouvelle Antigone
Faut pas croire qu'un peu de silicone
Va changer la vie d'une conne

Je vous l'avoue sans gêne
Moi j'aime...
Les poitrines à la Jane

Faut pas croire qu'un peu de silicone
Et hop plus personne t'abandonne
Faut pas croire qu'un peu de silicone
Et allez hop tout le monde s'abonne
Faut pas croire qu'un peu de silicone
Et il fait beau en automne

Je vous l'avoue sans gêne
Moi j'aime...
Les poitrines à la Jane

Faut pas croire qu'un peu de silicone
Et près d'toi les matous ronronnent
Faut pas croire qu'un peu de silicone
Rend la vie moins monotone
Faut pas croire qu'un peu de silicone
Et il sonne sonne le téléphone

Je vous l'avoue sans gêne
Moi j'aime...
Les poitrines à la Jane

Les tortionnaires de la terre

Leur a fallu des ministères
Pour comprendre qu'on a une seule terre
Si on les laisse faire leurs affaires, faut stériliser les enfants

Faut pas nous prendre pour des Drucker
Nous caresser comme des cockers
Vos discours sur l'environnement ce ne sont que des boniments

"Salut à vous les tortionnaires
Les tortionnaires de la Terre
Vous avez dévoré nos sols, contaminé diaboliquement

OK pour une journée d'la Terre
Répertoriez donc son calvaire
Pour la toussaint d'la mer photographiez le cimetière géant"

La fonte des glaciers s'accélère
Et prolifèrent les déserts
Tandis qu'les brigands d'pollueurs offrent à leurs maîtresses des diamants

Les vaches sont leurs boucs-émissaires
Leur digestion pas exemplaire
Même devant les bouleversements ils contestent l'évident

"Salut à vous les tortionnaires
On ne va plus se laisser faire
S'il le faut on sera violent on piss'ra sur les arrogants

OK pour une journée d'la Terre
Mais sans Kouchner sur France-Inter
Occident c'est pas un accident si y'a plus de printemps"

Faut-il donner aux pères aux mères
Des utopies très mensongères
Pour qu'ils cachent à leurs enfants qu'le futur est effrayant

Parlementaires et hommes d'affaires
Je vous méprise sans colère
Vous avez trahi l'Humanité vous n'êtes plus que morts-vivants

"*La terre n'est plus qu'un grabataire*
Paradis fragile comme du verre
Mais elle peut détruire les tarés dans un ultime enlisement

Et si l'on se prenait pour Voltaire
Qu'on essayait d'sauver la terre
Qu'on renversait l'gouvernement, guitare ciel bleu et rantanplan"

T'as choisi

T'as choisi
De pas vivre comme tes parents
De pas vivre comme les enfants
Avec qui, tu as grandi

T'as choisi
Tu prétends que dire amen
Dans un bureau trois semaines
Ça t'a largement suffi

T'as choisi
De partir dans le Quercy
Là où poussent les pruneaux
Un parmi les marginaux

Mais jamais n'oublie
Que toujours on suspecte se méfie
De celui qui vit
En dehors des chemins établis

T'as choisi
De vivre de tes produits
D'élever poules et dindons
Canards lapins et pigeons

De faire de la poterie
Des oiseaux en pierres taillées
Sur les marchés t'installer

Tu dis ne plus pouvoir vivre
Sans dévorer des livres
T'y passes même toutes tes nuits

Mais jamais n'oublie
Que toujours on suspecte se méfie
De celui qui vit
En dehors des chemins établis...

Une usine à rêves

Marlène Marylin
Et toutes leurs frangines
Toujours des filles fragiles
Des décennies qu'elles défilent
Dans un grand jeu
Où des mégalos se prennent pour Dieu

Et toi aussi
Toi qui as grandi
Avec pour tout modèle
Des actrices des top-models
Tu sais qu't'es belle
Tu veux d'la vie plus que du réel

Une usine à rêves
C'est plaire ou crève
Une usine à rêves
Où quand on te dit « pense »
C'est pense aux apparences
Une usine à rêves
C'est plaire ou crève

Tu vois des gamines
Dev'nir héroïnes
Elles n'ont rien d'plus que toi
Les médias en sont fadas
Tu comprends pas
Pourquoi les producteurs t'répondent pas

Alors tu déprimes
Descente en abîme
Maintenant tu dis oui
Quand on te dit « c'est ainsi »

33

Tu les laisses faire
Tu veux tant voir le soleil sur terre

Une usine à rêves
C'est plaire ou crève
Une usine à rêves
Où quand on te dit « pense »
C'est pense aux apparences
Une usine à rêves
C'est plaire ou crève

Celui que je serai

Tu regardes des photos
Tu as recueilli des propos
De ceux qui prétendent m'avoir bien connu
M'ont aperçu au hasard d'une déconvenue

Mais je suis bien plus
Celui que je serai
Que le sosie la poupée russe
De mon passé
Bien plus celui que je serai
Que décalcomanie du passé

Tu dis tel père tel fils
La vie n'est qu'une pente où l'on glisse
Tu penses que tout est écrit d'avance
Qu'à la naissance tu tires ou non la carte chance

Mais je suis bien plus
Celui que je serai
Que le sosie la poupée russe
De mon passé
Bien plus celui que je serai
Que décalcomanie du passé

T'as mon chapelet d'erreurs
Que t'égrènes pour fermer ton cœur
À force de trop fixer les vieux sillons
Tu es devenue sourde aux bonnes résolutions

Mais je suis bien plus
Celui que je serai
Que le sosie la poupée russe
De mon passé
Bien plus celui que je serai
Que décalcomanie du passé

35

Continuer d'y croire

Quand même les amis
Crient à l'utopie
Ne font même plus semblant
D'être certains d'un bon dénouement

Quand les statistiques
Disent c'est dramatique
Qu'en probabilités
On perd son temps à s'entêter

Continuer d'y croire
Les lumières les voir
Savoir se persuader
Qu'on va y arriver
Continuer d'y croire
Garder en soi la joie
Au-dessus des aléas
Continuer d'y croire

Quand les portes se ferment
Les promesses se perdent
Quand siffle le mauvais vent
Celui qui importe les tourments

Même quand chaque jour
Rajoute un doute
Que tournent les vautours
Que tout indique la déroute

Continuer d'y croire
Les lumières les voir
Savoir se persuader
Qu'on va y arriver

Continuer d'y croire
Garder en soi la joie
Au-dessus des aléas
Continuer d'y croire

Quand tous les miroirs
Reflètent le désespoir
Et qu'les informations
Ne laissent aucune illusion

Quand les spécialistes
Ont le regard perdant
Quand la douleur persiste
Malgré le printemps, les calmants

Continuer d'y croire
Les lumières les voir
Savoir se persuader
Qu'on va y arriver
Continuer d'y croire
Garder en soi la joie
Au-dessus des aléas
Continuer d'y croire...

Les Ruisseaux

Les ruisseaux sont asséchés
Faut surtout pas pleurnicher
À la mairie on répond
C'est comme ça en cette saison

Oui désormais fin d'été
Ici l'eau a déserté
C'est pas une fatalité
L'temps des poissons a existé

C'était vallée aux fruitiers
Des pommiers des abricotiers
Mais ils ont tout arraché
Y'avait des primes à empocher

Et depuis c'est le maïs
Le champion du bénéfice
Peu importent les préjudices
Faut qu'en eau l'maïs se nourrisse

Oui désormais fin d'été
Ici l'eau a déserté
C'est pas une fatalité
L'temps des poissons a existé

Les maïs sont irrigués
Les ruisseaux sont asséchés
Monsieur l'maire est souriant
Ses électeurs ont du rend'ment

C'était vallée aux fruitiers
Des pommiers des abricotiers
Mais ils ont tout arraché
Y'avait des primes à empocher

Oui désormais fin d'été
Ici l'eau a déserté
C'est pas une fatalité
L'temps des poissons a existé

Vivre autrement

On nous d'mand'ra d'travailler
On répondra qu'on ne sait pas
On n'va quand même pas leur dire
Que nous on préfère faire l'amour

Oui nous avons choisi de vivre autrement
De vivre De vivre selon les sentiments

Triste mine tête d'angine
On jouera victime aux abois
Avec ces gens-là faut tricher
Avec ces gens-là faut s'cacher

Oui nous avons choisi de vivre autrement
De vivre De vivre selon les sentiments

Bien sûr c'est la dèche
On s'plaint pas c'est bien pire au Bengladesh
On vit au mini minimum
Pour vivre le maxi maximum

Oui nous avons choisi de vivre autrement
De vivre De vivre selon les sentiments

Les soirs de galère on les gère
Pas de télé mais des câlins
Pas de stress ni j'décompresse
Donc tout va bien, oui tout va bien

Oui nous avons choisi de vivre autrement
De vivre De vivre selon les sentiments

5 ans après SAVOIRS...

En 2006, pour rencontrer des compositeurs-interprètes dans une voie conciliable avec la mienne, je lançais http://www.concourschansons.com.

Objectif : produire des albums d'auteur.

SAVOIRS est sorti assez rapidement, finalement, en 2008... Il reste disponible, après des années en album invisible...

1) Tout allait pour le mieux 3.19
2) La doulcur s'évapore 3.01
3) 4e décennie 4.17
4) Petite main 4.02
5) Des graines de lumière 2.59
6) La caissière 4.12
7) En secret 4.14
8) Travail bye bye 2.42
9) Pourquoi Because 4.01
10) La paix de l'âme 3.20
11) La voie spirituelle 3.54
12) Savoir 2.44

Compositeurs et interprètes :

4-6-8 Stéphane Vazzoler (nom d'interprète : DOC-VAZZO)
1-9-12 Nathanaël-Elie Delphin (nom d'interprète : NED)
5-10 Uzan Camus (nom d'interprète : CAMUS)
3-7 Guy Sagnier
2-11 Stéphane Deprost

Tout allait pour le mieux

Tout allait pour le mieux
Je coulais des jours heureux
Plaie d'argent n'est pas mortelle
Quand on dort du bon sommeil

Mais l'administration
Un jour s'est réveillée
A sorti mon dossier
A posé des questions

Face au sous-directeur
Je faisais pas le poids
Comme j'connais pas le droit
Il avait un rire moqueur

Tout allait pour le mieux
Je coulais des jours heureux
Plaie d'argent n'est pas mortelle
Quand on dort du bon sommeil

J'voudrais bien faire chanteur
J'ai balancé soudain
Il répondit dédain
C't'un métier de glandeurs

Puisque j'n'ai plus le choix
C'était ça ou radié
Ou comptabilité
Me v'là rimeur narquois

Tout allait pour le mieux...

La douleur s'évapore

Un jour
La douleur s'évapore
Les causes existent encore
Mais l'esprit est plus fort
L'esprit devient le maître du corps

Un jour
Sans le moindre miracle
Elle cesse la débâcle
C'est sur le long chemin
Étape essentielle d'éveil humain

Un jour
L'homme comprend l'amour
Un jour
L'homme comprend la mort
Comprendre pourquoi comment
Comprendre le « s'en va » et « survient » des éléments

Un jour
Détaché complètement
Sourire du mot argent
Lâcher peu de paroles
Vivre sans chercher à tenir un rôle

Un jour
À chaque atome, sensible
On dira insensible
C'est ainsi qu'l'extérieur
N'apporte plus ni bonheur ni terreur

Un jour
L'homme comprend l'amour
Un jour
L'homme comprend la mort
Comprendre pourquoi comment...

4e décennie

Sensation de sur-place
Quand ses rêves si peu anciens
Elle les voit dans sa glace
À côté du quotidien
Elle passe du sourire au soupir
Juste avant d'aller dormir
Car demain il faudra partir
Sortir pour un bureau « on a vu pire »
Mais un boulot si loin
Si loin de ses désirs pas si lointains

Trente ans
Et la tête sur mon épaule
Tu voudrais bien qu'on s'envole
Trente ans !
Tu sais qu'c'est la décennie
À ne pas louper
Trente ans
Qu'à cet âge la grande connerie
C'est de s'enchaîner
À la banalité

Sensation d'étouffer
Si peu de mètres carrés
Elle sait qu'c'est déjà trop
Quand viennent les impôts locaux
Il doit bien rester un pays
Où l'on vit sans insomnies
Sans crédit ni assurance-vie
Où l'on vit des s'maines de quatre jeudis
Certains soirs elle m'appelle
On refait le monde comme deux rebelles

Trente ans

Et la tête sur mon épaule
Tu voudrais bien qu'on s'envole
Trente ans !
Tu sais qu'c'est la décennie
À ne pas louper
Trente ans
Qu'à cet âge la grande connerie
C'est de s'enchaîner
À la banalité

Petite main

Le plus souvent on avance face au vent
C'est pas toujours des ouragans
Mais à faire demi-tour
J'y pense certains jours

Ta petite main dans la mienne
Et pourtant mine de rien
C'est bien la tienne)
Qui nous soutient)bis

Bien plus fragile que de la porcelaine
Ta force est comme souterraine
Quand tu fermes les yeux
Tu vois ce que tu veux

Ta petite main dans la mienne
Et pourtant mine de rien
C'est bien la tienne)
Qui nous soutient)bis

Parce que je réponds à bien des questions
Tu m'crois un puits de solutions

Tu voudrais vite grandir
Tu crois en l'avenir

Ta petite main dans la mienne
Et pourtant mine de rien
C'est bien la tienne)
Qui nous soutient)bis

Des graines de lumière

Tu me vois
Tu te crois
Comme un grain de poussière
Un grain de poussière
Emporté par les vents d'automne
Alors que nous sommes
Des graines de Lumière

Des grains de poussière
Mais aussi
Des graines de Lumière
Des vies
Graines de Lumière
Qui seront des guides
Sauf si la terre est trop aride

Le savoir
Pour le voir
C'est un si long chemin
Un si long chemin
Que chaque croisement est un tourment
C'est tellement tentant
Remettre au lendemain

45

Des grains de poussière
Mais aussi
Des graines de Lumière
Des vies
Graines de Lumière
Qui seront des guides
Sauf si la terre est trop aride

Tu me crois
Aux abois
Je sais qu'on dit « tout ça
C'est n'importe quoi »
Qu'on me croit en plein désespoir
Parce que je peux croire
Aux voies du savoir...

La caissière

L'infirmière derrière le notaire
Le militaire et son beau-frère
Le flâneur l'universitaire
Le chômeur le commis voyageur
Elle voit défiler le pays
Tous bien sages derrière leur caddie

A quoi pense la caissière ?
Qu'est-ce qui se cache sous son air d'écolière ?
A quoi pense la caissière ?
Son sourire en bandoulière

Les fonctionnaires et les grands-mères
Les étudiants les paysans
La fleuriste et son dentiste
Les barbus et les chevelus
Packs de bières et kilos de riz
Serpillières et charcuterie

46

A quoi pense la caissière ?
Qu'est-ce qui se cache sous son air d'écolière ?
A quoi pense la caissière ?
Son sourire en bandoulière

Les pharmaciens les musiciens
Couches-culottes
Petits-pois carottes
Les promotions de la saison
Les premiers achats remboursés
Les salariés parfois pressés
Les vidéos et les packs d'eau

A quoi pense la caissière ?
Qu'est-ce qui se cache sous son air d'écolière ?
A quoi pense la caissière ?
Son sourire en bandoulière

En secret

C'est comme un aimant
Un grand bouleversement
L'histoire à la maison
Tient pas la comparaison
Une quête d'idéal
Des gorgées vitales
De tous les sentiments
C'est le grand embrasement

Il va falloir se cacher
Avec les horaires tricher
À ne se voir qu'en secret
On se crée des instants sacrés) bis

On trouve des complices

Pour que le rite s'accomplisse
Tant pis pour les cornes
Des déjà vieux si mornes
Du jamais vécu
Plus vivant qu'un roman
Un goût de fruit
Défendu
On le sait finalement

Il va falloir se cacher
Avec les horaires tricher
À ne se voir qu'en secret
On se crée des instants sacrés) bis

Mirage de notre âge
Bien mieux qu'un naufrage
De tous
Les sentiments
C'est le grand embrasement
Une quête d'idéal
Des gorgées vitales
Ceux qui parlent de
Chimère
Qu'ils nous jettent leur dernière bière

Il va falloir se cacher
Avec les horaires tricher
À ne se voir qu'en secret
On se crée des instants sacrés) bis

Travail bye bye

Tout allait pour le mieux
On vivait de peu
Mais l'argent quand même
Est devenu un problème
Elle m'a dit « travaille ! »
J'lui ai répondu
C'était pour elle inattendu
« bye bye »

Avec « travail »
Dans mon dictionnaire d'anti déprime
Y'a qu'une seule rime
« bye bye »
J'suis plus sur le ring
Du tic tac dring
Travail bye bye...

Vivre ailleurs qu'au travail
Ce s'rait pas normal
Pour les statistiques
Faut des hommes dynamiques
C'est l'économique
Qui doit motiver
Une humanité perroquet
« fric fric »

Avec « travail »
Dans mon dictionnaire d'anti déprime
Y'a qu'une seule rime
« bye bye »
J'suis plus sur le ring
Du tic tac dring
Travail bye bye...

Me v'la seul mais serein
J'n'ai rien mais j'vais bien
J'me lève sans réveil
Souvent après le soleil
Le soir j'me promène
J'parcours les hameaux
Sans prononcer le moindre mot
« zen zen »

Avec « travail »
Dans mon dictionnaire d'anti déprime
Y'a qu'une seule rime
« bye bye »
J'suis plus sur le ring
Du tic tac dring
Travail bye bye...

Pourquoi Because

Pourquoi
Y'a t-il quelque chose
Au lieu de rien ?
Pourquoi
Quand on m'offre une rose
Je me sens bien ?

Toutes les questions
Qu'on se pose
Auxquelles on répond
Bin because

Pourquoi
Ils nous imposent du bruit
Durant le jour ?
Pourquoi

50

Les hommes et les femmes s'ennuient
Sans nuits d'Amour ?

Toutes les questions
Qu'on se pose
Auxquelles on répond
Bin because

Pourquoi
Quand un enfant sourit
Suis-je attendri ?
Pourquoi
Les hommes s'inventent des Dieux
Et aiment le jeu ?

Toutes les questions
Qu'on se pose
Auxquelles on répond
Bin because

Pourquoi
Des souvenirs s'effacent
D'autres tracassent ?
Pourquoi
Souvent quand tombe le noir
Monte le cafard ?

Toutes les questions
Qu'on se pose
Auxquelles on répond
Bin because

La paix de l'âme

Un jour la télé l'éteindre
Et savoir que c'est
La dernière fois
Qu'elle restera là
Comme une trace d'autrefois
Qu'elle restera là
Comme chez d'autres un vase Chinois

Comment espérer atteindre
Ou même effleurer
La paix de l'âme
Devant ce vacarme
Ce vacarme qui nous charme
Au temps des larmes
Qui font les larves sans flamme

Un jour la télé l'éteindre
Et savoir que c'est
La dernière fois
Qu'elle restera là
Comme un souvenir d'autrefois
Qu'elle restera là
Comme chez d'autres un vase Chinois

Comment espérer atteindre
Ou même effleurer
La paix de l'âme
Devant ce vacarme
Je dis l'âme pour dire Moi
La Paix du moi
La paix corps et âme, corps et âme

Un jour la télé l'éteindre...

La voie spirituelle

Sans pour cela croire au karma
Tu t'aperçois
Chaque poids te pèse
Chaque poids te lèse
D'un peu de joie (bis)
D'un peu du meilleur de toi
Tu te demandes à quoi bon tout ça
Tu dis parfois
Que de vivre comme ça
C'est une agonie
Tu déprimes (bis)
Sans trouver la bonne rime

La voie spirituelle
Je ne vois qu'elle
Pour ouvrir les portes verrouillées par toutes sortes de douleurs
La voie spirituelle
Je ne vois qu'elle
Dessouder les barreaux de nos prisons intérieures

Tu voudrais bien les soirs sans joie
Trouver la foi
Qu'elle surgisse en toi
Sans le moindre effort
Un réconfort (bis)
Qui fasse oublier la mort
Sans pour cela croire au karma
Tu lis parfois
Le Dalaï-lama
Mais avec autant de gourous
Il te déplaît
D'être guidé

La voie spirituelle

Je ne vois qu'elle
Pour ouvrir les portes verrouillées par toutes sortes de douleurs
La voie spirituelle
Je ne vois qu'elle
Dessouder les barreaux de nos prisons intérieures

Savoir

Savoir si c'est le grand Amour
Savoir si c'est pour toujours
S'il faut le croire le bruit qui court
Si c'est le bon jour pour partir à Singapour

C'est la folie
Aux oreilles des voyantes
On rappelle On supplie
L'incertitude est inquiétante
Trop cruelle Trop cruelle

Savoir qui sera licencié
Savoir à qui il faut plaire
S'il va neiger en février
Est-ce qu'un tel hiver annonce août caniculaire
Savoir si le temps des remords
Est aussi court qu'on l'prétend
Savoir si les morts sont bien morts
Et si les vivants en ont encore pour longtemps

C'est la folie
Aux oreilles des voyantes
On rappelle On supplie
L'incertitude est inquiétante
Trop cruelle Trop cruelle

Savoir quelle voiture acheter

Savoir si je vais guérir
Si Eurotunnel va monter
Si la femme de tous mes désirs va me trahir
S'il est bon de manger du bœuf
Des rillettes du Parmesan
Si j'peux habiter au Pont-neuf
À quel âge les gens reconnaîtront mon talent.

C'est la folie
Aux oreilles des voyantes
On rappelle On supplie
L'incertitude est inquiétante
Trop cruelle Trop cruelle

Aucune nomination aux victoires de la musique des majors.

Promouvoir cet album...

J'envoie aux principaux médias, aux radios nationales, l'album, avec une courte présentation, une page, essayant de placer le maximum d'informations sur l'ensemble de mes activités.

Envoyer plus d'une page ne servirait à rien. Qui les lirait ?

Effectuer cet envoi m'apparaît un acte nécessaire et quasi inutile, réalisé par "acquis de conscience", surtout respect envers les artistes de cet album mais je doute qu'il puisse en découler la moindre diffusion avec paiement de droits sacem, le moindre article. Même si l'une des personnes qui ouvrira cette lettre suivie écoutait cet album, et oh miracle l'appréciait, dans quelle case le ranger ? Comment le présenter, le diffuser ?

Les grands journaux, les grandes radios, sont organisés sans place pour un créateur de mon genre, que ce soit en musique, roman, théâtre, ou essai.

Naturellement, un miracle peut survenir : que cet album arrive au moment où il permettra à un journaliste d'illustrer une conviction. Rien n'a vraiment changé depuis l'observation de Coluche "*Les journalistes, ils viennent quand une pièce a beaucoup de succès. Seulement, une fois que ça marche, on n'a plus besoin d'eux.*"

Si un miracle se produisait (fortes ventes, succès théâtral, artiste remarqué sur scène...) naturellement les journalistes se rattraperaient, sans se soucier ni même culpabiliser de leur longue indifférence. C'est ainsi.

Donc il faut trouver le temps, l'argent et le courage pour envoyer ! Nous vivons une époque sclérosée et malheureusement Internet est tombé entre les mains des grands hypnotiseurs qui en font leur beurre et fortifient leur prédominance. Mais c'est de gestes totalement inutiles que nous vivons... Alors mieux vaut en avoir pleinement conscience, finalement. Ce qui permet une forme de détachement dans le lancement de ces billets de loteries au sens stendhalien...

Cinq ans après "Savoirs" :

Vivre Autrement
(après les ruines)

Une démarche d'albums d'auteur unique en France, avec un nouveau groupe également intitulé "Stéphane Ternoise" : deux chanteuses (Lor et Magali Fortin), quatre chanteurs (Blondin, David Walter, Dragan, Yann Ferant)

Également disponible en numérique,
voir www.chansons.org

Cet album recèle de petits bijoux comme *Les lois du marché de la création* de Dragan, *Une usine à rêves* de Lor, *Une seule et même couleurS* de Magali Fortin...

Il a déjà servi de détonateur... pour Blondin : batteur depuis deux décennies (c'était lui dans *les Paladins* dont il reste l'album *contre vents et marées* de 1999), il débutera le 20 juillet 2013 comme chanteur au troisième festival de la chanson française de Chémery (www.chansonnier.fr)

Des moyens dérisoires mais 5 années de travail (d'abord le projet lancé sur www.concourschansons.com). Autoproduction vraiment indépendante. Avec le budget d'un Cabrel, je réalise au moins 50 albums !

Ambition : inscrire une œuvre d'auteur dans le paysage musical français, tout en laissant une trace protéiforme...

Les compositeurs interprètes

http://www.concourschansons.com consacre à chacun(e) une page. Vous trouverez également dans le CD leur présentation à la date du pressage.

Vita a réalisé l'arrangement des trois chansons portées par Blondin, qui les a intégrées à son spectacle "Blondin chanteur", après deux décennies derrière une batterie. L'espoir, c'est que ces 14 titres soient défendus sur scène... C'est naturellement "la limite" d'un tel projet d'album d'auteur, cette incertitude sur la place que prendront ces chansons dans la vie des compositeurs interprètes. La musique a besoin de scènes...

Magali Fortin offrira une autre porte d'écoute au titre "*Une seule et même couleurS*", via son cinquième album "*Bienvenue sur la route.*"

Pour l'auteur, il s'agit d'une démarche "début d'aventure"...

La chanson dans ma vie...

Environ 600 textes destinés à la chanson déposés à la sacem. Dont 62 avec des compositeurs.

Interprété pour la première fois sur scène par la chanteuse québécoise Renée-Claude Gaumond, en spectacle de clôture lors des Rencontres d'Astaffort 1998.
Gravé pour la première fois sur CD par la star du Burkina Faso, Sami Rama. Avec cet album, elle obtenait un Kundé d'or, une victoire de la musique, meilleure interprète de l'année 2002.

Présence sur CD ès auteur de créations (avant "*Vivre Autrement*") avec Doc-Vazzo, Camus, Guy Sagnier, Stéphane Deprost, Ned, Magali Fortin, Sami Rama, Pierre Galliez, Gérald Devaux.

Egalement auteur de parodies de chansons, interprétées par Guillaume Ibot, Benjy Dotti, Frédérique Zoltane, Paul Glaeser, Patrice, Stéphane David, Christophe O'Neil.

La suite ? Deux albums sont possibles, proposés... Leur réalisation semble compromise... financièrement... mais le créateur se doit de croire que c'est possible. Recherche de compositeurs-interprètes lancée, pour la troisième étape « *Chansons vertes, écologistes...* »
(http://www.chansonsvertes.com) et la suivante « *Chansons d'Amour...* »

Exception culturelle...

« *Histoire d'une exception* », rédigé par Clarisse Fabre pour *Le Monde*, m'a semblé receler les points essentiels pour expliquer cette manipulation de l'époque... 27 juin 2013.

L'impartialité de la journaliste est rapidement mise à mal « *Une première victoire a été remportée le 14 juin, lors de la réunion des ministres du commerce des 27 Etats membres de l'Union européenne (UE) : face à la Commission qui, dans une logique libérale, souhaitait intégrer ces secteurs aux discussions, Nicole Bricq, ministre du commerce extérieur de François Hollande, a obtenu leur exclusion du futur traité bilatéral.* »

Comme toute bonne française elle semble donc avoir intégré la troupe. D'ailleurs, elle enchaîne par « *Ce combat est fondé sur le principe que la culture n'est pas une marchandise comme les autres et ne peut donc être abandonnée aux seules règles du marché, sous peine de voir s'effondrer les politiques régulatrices patiemment construites depuis une soixantaine d'années en France.* »
Politiques régulatrices ! Politiques d'exclusion des indépendants. Ce sont bien des règles "du marché" qui nous sont opposées : nos livres ne sont pas disponibles en libraires traditionnelles car l'état fait confiance aux éditeurs traditionnels propriétaires des grands distributeurs qui leur permettent de décider des produits présents dans les points de vente. Des acteurs contrôlent le marché, imposent les règles du marché et chargent l'état d'essayer d'interdire à Amazon de briser ce monopole...

La journaliste continue : « *Parmi les dispositifs emblématiques de ces politiques, il y a d'abord le financement du cinéma. Assuré par un système de taxes sur les billets d'entrée en salles (...) Dans le secteur de l'édition, le prix unique du livre a été imposé par la gauche, en 1981, sous l'impulsion du ministre de la culture Jack*

Lang, pour permettre aux librairies de résister face aux "grands" de la distribution - faute d'un tel outil, la Grande-Bretagne a perdu son réseau de librairies. Du côté de la musique enfin, une loi entrée en vigueur en 1996 oblige les radios privées à diffuser des quotas de 40 % de chansons d'expression française. »

La loi Lang qui a permis aux éditeurs les plus puissants de racheter "les bonnes maisons" dont elles peuvent aujourd'hui arborer le nom pour justifier leur politique de qualité ! La Loi Lang qui n'a imposé aux libraires aucune obligation de diversité... Pour en arriver à l'édition caricaturale qui sévit dans ce pays, avec à sa tête des hommes répertoriés dans les grandes fortunes (Lagardère, Gallimard...) Voir mes essais sur le sujet.

Suivent des exemples « *Le directeur général de la Sacem, Jean-Noël Tronc, explique l'intérêt de ce dispositif : "La France est le seul pays d'Europe où la majorité de la musique diffusée est produite en France." Pour la chanteuse Anaïs, 36 ans, l'une des 5 000 artistes de la musique ayant signé l'appel en faveur de l'exception culturelle (Keren Ann, Grand Corps Malade, Jean-Michel Jarre, Alain Souchon...), les quotas de diffusion à la radio sont cruciaux : "Avec la crise, les radios sont devenues frileuses, se sont formatées et diffusent ce qui marche. Un groupe comme Rita Mitsouko ne passerait plus aujourd'hui. Il y a aussi moins de ballades et de slows sur les ondes. Les quotas de 40 % sont le dernier rempart pour maintenir une certaine diversité culturelle", dit-elle. »*

Je suis membre de la sacem et je dénonce depuis plus d'une décennie l'oligarchie qui la dirige, la confiscation de tous les pouvoirs par environ 4500 membres sur plus de 140 000, naturellement les plus talentueux, ceux qui ont obtenu des revenus mensuels supérieurs au smic... Difficilement possible sans travailler pour les majors...

En presque conclusion, la journaliste aura sûrement gagné le sourire d'Aurélie F « *Surtout, en vingt ans, l'ennemi a changé de visage. En 1993, ce sont les Etats-Unis et les studios hollywoodiens qui attaquaient la forteresse Europe. En 2013, la bataille est menée par les géants de l'Internet (Google, Amazon...), qui souhaitent pénétrer le marché européen et diffuser des contenus culturels (films, séries, musique...) sans contribuer à leur financement par la fiscalité.* »

Quel scandale, cet Amazon qui ose passer au-dessus de la tête des installés pour s'adresser aux créateurs ! Depuis des siècles, il existe une constante : les marchands essayent de conserver la plus grande partie des revenus des œuvres. Qu'un Amazon ose redistribuer plus de 60% à un écrivain, quel scandale ! L'exception culturelle, c'est Amazon !

L'auteur écrivain en 2013

Romancier, auteur de chansons, essayiste, dramaturge. http://www.utopie.pro présente les livres (papier et numérique) et CDs essentiels. En 2013, je considère le sixième roman comme mon texte le plus important. L'Histoire validera cette conviction ?

Le sixième roman

Le roman de la révolution numérique

également présenté sous le titre

Un Amour béton

Sous le titre « *le sixième roman »,* un long extrait gratuit de « *un Amour béton* » essaye d'obtenir un peu de visibilité sur Amazon, Itunes, La Fnac, Samsung Readers, Cultura, Chapitre, Kobo, Bookeen, iBookstore...

Ce roman perpétue mon engagement d'indépendance et comme les précédents n'a pas bénéficié du soutien des grands médias. Comme le déclara Alain Beuve-Méry, le petit-fils du fondateur du *Monde* où il couvre l'édition. « *Tout dépend de la maison d'édition dans laquelle vous êtes édité, et du travail fait en amont par les attachés de presse auprès des journalistes et des jurés littéraires.* » Dans ce même quotidien influent, Baptiste-Marrey écrivait « *les grands groupes publient, distribuent, vendent et font commenter favorablement les titres qu'ils produisent.* »

Vous proposer en lecture gratuite une grande partie du roman, c'est essayer d'obtenir un peu de visibilité. Etre éditeur indépendant en France, en 2013, reste très difficile. Les politiques (d'Aurélie Filippetti à Martin Malvy en passant par les autres) soutiennent les installés.

"*Un Amour béton*" : en acceptant le rôle peu glorieux du nègre de Kader Terns, le « *météorite du livre numérique, disparu dans d'affreuses circonstances* », je ne pouvais imaginer entrer dans la partie la plus mouvementée de ma vie...

Contrairement aux affirmations de leur inféodée devenue Ministre de la Culture, les éditeurs ne font pas la littérature mais du commerce. Avec le soutien des politiques (qu'ils éditent) et d'écrivains bien nourris, ils ont installé un système où tout indépendant est invisible. La révolution numérique constitue une possibilité historique de briser notre exploitation. L'indépendance est possible, elle est combattue...

Présentation

Kader Terns, le « *météorite du livre numérique, disparu dans d'affreuses circonstances.* » Un journaliste lotois osa même « *en découvrant un paradis insoupçonné, le charme sauvage et pittoresque de nos coteaux du Quercy, l'inclassable auteur du 9-3 ignorait les dangers du béton, qui guettent tout néo-rural souhaitant restaurer l'une de nos belles demeures abandonnées.* » Vos médias s'en délecteront bientôt : Kader fut broyé, son assassin présumé s'est suicidé, sa complice potentielle clame son innocence derrière les barreaux et moi, qui devais tenir le rôle peu glorieux du nègre de l'autobiographie du « jeune et talentueux écrivain choc de l'année 2011 », j'hésite à la croire tout en redoutant de rapidement me retrouver soupçonné...
Dois-je laisser "éclater l'affaire" ou puis-je raconter comme j'en avais l'intention quand la version de l'accident me sembla aussi stupide qu'évidente ?

Mais tout ceci, c'était avant. Avant que tout s'accélère et m'aspire dans le tourbillon...

Le sujet

Un roman policier, un roman d'amour, ce « *un Amour béton* » ?
Certes une intrigue policière, des morts, des meurtres, de la vengeance, des femmes, des hommes, des couples, des amants, des trahisons, Aubervilliers, le Quercy. Mais il s'agit d'un « véritable roman littéraire », bien plus exigeant que les textes habituellement classés en « romans policiers », qui plus est depuis la déferlante numérique...

Donc un roman susceptible d'intéresser un large public ou rester invisible faute de réel ancrage dans un genre précis ! Mon sixième roman, ès qualité d'écrivain toujours inconnu du grand public, indépendant par convictions depuis 1991.
Quatre ans après "*ils ne sont pas intervenus*", repéré en numérique sous le titre "*peut-être un roman autobiographique.*"

Vie, gloire et disparition d'un OVNI de la littérature française, Kader Terns.
Il faut l'oser, le terme "littérature", dans son cas. Mais il fut tellement employé ! Littérature numérique, postmoderne, brute, d'après le roman, de banlieue, de tablettes, décomposée, rappée, bloguée, néo-impressionniste, irrésumable, dans toute sa cruauté...

Après son "incroyable succès", le petit caïd du 9-3 était descendu dans le Lot pour m'y rencontrer. Je devais rédiger ses mémoires, statut peu glorieux du nègre. Il faut bien bouffer ! Surtout quand on vit avec une femme qui se croit obligée d'envoyer cinq cents euros par mois à Djibouti. "*Comment je avoir été meilleure vente Amazon Kindle*", il tenait absolument à ce titre.
Ni lui ni moi, lors de cet entretien banal et bâclé, n'aurions pu imaginer que nos vieilles pierres, nos sentiers et notre calme s'incrustaient en lui au point qu'il revienne y restaurer une ruine. Nadège, il l'avait piégée, elle l'a suivi...

Je n'ai rien d'un enquêteur et c'est uniquement par sentiment de vengeance (peu honorable, oui, d'accord...) si j'ai cherché une sombre histoire derrière un stupide accident.

Nadège et le fils de Carlo ont avoué. Quand débutera le "grand procès", les médias se jetteront sur l'affaire, qu'ils ignorent totalement. Pauvre Kader, déjà oublié, forcément remplacé. "*Il a suscité de nombreuses vocations...*"

C'est tellement inattendu, insoupçonnable. Pas une fuite, même dans leur *Dépêche du Midi*. Eu égard à mon décisif apport, l'inspecteur se croit tenu de m'informer, naturellement en off. Peut-être uniquement car sa résidence secondaire n'est qu'à douze kilomètres. Si je laissais tranquillement faire, j'aurais sûrement droit à une légion d'honneur, avec au moins Christiane Taubira à Montcuq, peut-être même François Hollande. L'état, même socialiste, a besoin de héros ! Surtout dans le sud-ouest ! Ils sont tous tellement impressionnés par mon sens de la justice... je n'allais quand même pas leur raconter comment Carlo a bousillé mes dernières illusions d'Amour en 2010...

Machine judiciaire et univers médiatique m'en voudront sûrement de les devancer, en balançant les clés qu'ils auraient pris tellement de plaisir à dévoiler au compte-gouttes. Je suis écrivain. Qui plus est j'ai besoin d'écrire, après deux années de blocages, en lecture comme écriture. J'ai besoin de publier, faute d'une bourse d'écriture de la région. À chacun son boulot, son exutoire, son combat. Je suis sûrement plus doué pour raconter ma vie que pour la vivre... Un Amour béton... Lequel ? Amina et moi ? Nadège et Kader ? 19 jours Nadège et moi avons également pensé posséder la formule magique…

Enfin, c'est ce que j'ai cru, à un moment, encore récemment, quand ce récit était quasiment achevé. Mais tout va si vite, parfois.

Il faudrait tout raturer ? Tout réécrire à chaque fois que la vie rééclaire le passé ? Comme les autres, je me suis laissé emporter…

Stéphane Ternoise
http://www.romancier.org

La charte de qualité de l'auteur indépendant

Il n'est même pas besoin d'exhiber quelques textes inutiles auto-édités pour dénigrer l'auto-édition, pratique accusée de mettre sur le marché les pires médiocrités agrémentées des fautes les plus élémentaires d'orthographe ou grammaire, parfois même avec un style d'élève en difficulté du CM1.

Il s'avère néanmoins sûrement exact que les livres vraiment auto-édités dans une démarche professionnelle (mon exclusion de "l'auto-édition réelle" des auteurs qui ne respectent pas un minimum la littérature a toujours dérangé les prétendues belles âmes du secteur pour qui « tout est littérature ») contiennent en moyenne plus de fautes que les livres des éditeurs "traditionnels".
Il ne s'agit pas forcément d'une question de qualité des auteurs mais de moyens. Même le passage par les correcteurs et correctrices professionnels ne permet pas de présenter des œuvres sans erreurs, qu'avant on appelait d'imprimerie. Mais depuis que l'imprimeur reprend un document PDF pour lancer l'impression, les éditeurs qui utilisent encore cet argument semblent miser sur la méconnaissance du grand public.
Monsieur Antoine Gallimard n'a pourtant pas de leçons de qualité à nous donner : la communauté des pirates du livre numérique s'était amusée à corriger l'ebook d'Alexi Jenni, *l'art français de la guerre*, prix Goncourt 2011. Après l'hypothèse de l'utilisation du document PDF imprimeur, mouliné par un logiciel de reconnaissance graphique pour fabriquer la version numérique, des lecteurs de la version papier ont informé le web que ces coquilles se trouvaient également dans leur épais bouquin.
La faculté de corriger rapidement sur l'ensemble du circuit de distribution un ebook constitue un avantage dont la portée ne semble guère avoir été analysée. Dans cette optique, j'ai décidé de récompenser les lectrices et lecteurs qui ne se contentent pas d'une moue de déception face aux erreurs mais les communiquent, en leur offrant un livre numérique de leur choix

du catalogue, trois formats disponibles (epub, pdf, amazon). Seule restriction, pour une question de taille des fichiers et vitesse de connexion à Internet d'un écrivain vivant à la campagne, ne pourront être envoyés que des ebooks dont la taille n'excédera pas cinq mégas, ce qui exclut les livres de photos (sauf ceux dont le PDF reste juste en dessous de la limite possible).

Naturellement, il ne vous faut pas réclamer ce livre ni envoyer les fautes constatées (réelles ! et non les choix comme mettre au pluriel un terme habituellement invariable ou reprendre une lettre d'un personnage dont les fautes d'orthographe constituent justement une caractéristique, ou même une libre violation des temps conseillés de conjugaison !) sur la plateforme d'achat mais à la page contact de www.ecrivain.pro en spécifiant le livre de votre choix, qui vous sera envoyé par mail après vérification des informations transmises.

Fautes réelles découvertes : un livre offert, l'engagement qualité de l'auto-édition.

Cette offre s'étend à l'ensemble de mon catalogue.

Stéphane Ternoise

À 25 ans, Stéphane Ternoise a quitté le confortable statut de cadre en informatique (qui plus est dans le douillet secteur des assurances), pour se confronter à son époque, essayer de vivre de sa plume en toute indépendance. Il redoutait de finir pantin d'un grand groupe où même les maisons historiques peuvent se retrouver avec Jean-Marie Messier ou Arnaud Lagardère comme grand patron.

Stéphane Ternoise est auteur-éditeur depuis 1991, devenu spécialiste de l'auto-édition professionnelle en France. Il créa « logiquement » http://www.auto-edition.com en l'an 2000, une activité alors quasi absente du web !

Son éclairage sur l'univers de l'édition française a rapidement suscité quelques difficultés, dont une assignation au Tribunal de Grande Instance de Paris, en juin 2007, par une société pratiquant le compte d'auteur, finalement déboutée en septembre 2009.

Dans un relatif anonymat, avant la Révolution Numérique, l'auteur lotois a néanmoins réussi à publier 14 livres en papier, à continuer en vivant de peu. Depuis 2005, ses livres étaient également en vente, marginale, en version numérique. Il s'agissait d'abord de simples PDF.

L'auteur-éditeur a consacré l'année 2011 à la réalisation de son catalogue numérique, publiant ainsi ses pièces de théâtre, sketchs et textes de chansons en plus des romans, essais et recueils adaptés aux formats epub et Mobipocket Kindle...

La multiplication des questions et l'information approximative balancée sur de nombreux blogs par de néo-spécialistes de l'auto-édition autopublication, l'ont décidé à écrire sur cette révolution de l'ebook. Le guide l'auto-édition numérique est ainsi devenu son web best-seller !

Depuis octobre 2013, et son « identifiant fiscal aux États-Unis », son catalogue papier tend à rattraper celui en pixels.

Il convient donc de nouveau d'aborder l'auteur sous le biais de l'œuvre. Ainsi, pour vous y retrouver, http://www.ecrivain.pro essaye de fournir une vue globale. Et chaque domaine bénéficie de sites au nom approprié :

http://www.romancier.org
http://www.parolier.org

http://www.essayiste.net

http://www.dramaturge.fr
http://www.lotois.fr

Vous pouvez légitimement vous demander pourquoi un auteur avec un tel catalogue ne bénéficie d'aucune visibilité dans les médias traditionnels. L'écriture est une chose, se faire des amis utiles une autre !

Table

Mentions légales

Tous droits de traduction, de reproduction, d'utilisation, d'interprétation et d'adaptation réservés pour tous pays, pour toutes planètes, pour tous univers.
Site officiel : http://www.ecrivain.pro

Ebooks distribués sur la quasi totalité des plateformes numériques.

Une offre spéciale avec les cinq romans :
http://www.9euros99.net

Présentation des livres essentiels :
http://www.utopie.pro

Pour en savoir plus : *Contrairement à Gérard Depardieu, dois-je quitter la France ? Exil littéraire au Burkina Faso pour les écrivains ? - Les conséquences des politiques d'Aurélie Filippetti, Martin Malvy, Gérard Miquel, François Hollande et les autres*
Dépôt légal à la publication au format ebook du 24 juillet 2013.

Imprimé par CreateSpace, An Amazon.com Company pour le compte de l'auteur-éditeur indépendant.
livrepapier.com

ISBN 978-2-36541-673-3
EAN 9782365416733

Vivre Autrement (après les ruines), l'album invisible... (L'exception culturelle française... réelle) **de Stéphane Ternoise**
© Jean-Luc PETIT - BP 17 - 46800 Montcuq - France

www.ingramcontent.com/pod-product-compliance
Lightning Source LLC
Chambersburg PA
CBHW041531090426
42738CB00036B/119